Duden

Eselsbrücke 3

mit Köpfchen richtig schreiben

Herausgegeben von
Professor Dr. Hartmut Günther

Erarbeitet von
Nicola Kiwitt, Simone Scheuer, Annette Scholing-Grunert

Duden Schulbuchverlag
Berlin, Mannheim

Inhaltsverzeichnis

		erledigt	Datum	überprüft
Testebanseite	34–35	☐		☐
Wortfamilien	36–37	☐		☐
Verwandte Wörter	38–40	☐		☐
Richtig abschreiben	41	☐		☐
Wörter mit *st*, *sp* und *sch*	42	☐		☐
Wörter mit *ß*	43	☐		☐
Fremde Wörter	44–45	☐		☐
Silbentrennendes *h*	46–48	☐		☐
Dehnungs-*h*	49–51	☐		☐
Üben	52	☐		☐
Rechtschreibstrategien	53	☐		☐
Wörter mit langem *i*	54–55	☐		☐
Wortfamilien	56–57	☐		☐
Merkwörter mit *th* und *ph*	58	☐		☐
Merkwörter	59	☐		☐
Wörter mit *x*, *chs*, *ks*	60	☐		☐
Testebanseite	61–64	☐		☐

Esteban stellt sich vor

Hallo, ich bin Esteban.
Kennt ihr mich noch? Ich beschäftige mich am liebsten mit Wörtern und Sätzen.
Ich möchte nämlich Dichter werden.
Gemeinsam erobern wir Schritt für Schritt die Welt der Sprache.

Esel sind wasserscheu. Sie gehen daher lieber über Brücken. Menschen bauen sich Eselsbrücken, um sich Dinge besser merken zu können. Zum Beispiel kann dir eine Eselsbrücke helfen, dir schwierige Wörter zu merken und richtig zu schreiben. Kennst du eine?

In diesem Heft gibt es sieben Seiten mit Eselsohren. Dort findest du die wichtigsten Erklärungen, wie man richtig schreibt. Das umgeknickte Ohr hilft dir, diese Seiten schnell wiederzufinden. So kannst du die Erklärungen immer wieder nachschlagen.

An diesen Stellen findest du Aufgaben zum Nachdenken und Knobeln. Esteban schaut dann ganz genau hin und überlegt. Mithilfe von Estebans Glühbirne hinten im Heft kannst du die Lösung sehen.

Genau hören

Genau hören

Bei vielen Wörtern musst du nur genau hinhören und jeden Laut schreiben, den du hörst.

- Tomate, Hose

1 Esteban hat eine riesige Sammlung von Wörtern, um daraus Geschichten zu erfinden. Wo hat er sie untergebracht?

 Dose

 Katong

 Glas

 Komode

2 Einige Wörter hat Esteban sogar in die Flasche gesteckt. Schreibe sie auf.

PALMEANKERKANONEMATROSEINSEL

Palme, Anker, Kanone, Matrose, Insel

3 In der Kiste sind Wörter, die zu einem Märchen gehören. Schreibe sie auf.

 Kuchen

 Wolf

 Wein

 Großmutter

4 Weißt du, welches Märchen es ist?

Verlängern

1 Was gehört zusammen? Male die Paare in der gleichen Farbe an.

Wälder | run□ | Zwei□ | Könige | Wal□ | wir wiegen

er wie□t | Pferde | Zweige | gel□ | Pfer□

runder | sie sin□t | Köni□ | wir singen | gelber

2 Schreibe die Wortpaare auf und markiere die schwierige Stelle farbig.

Wälder – Wald, Pferde – Pferd, sie singen – sie singt,

3 Schreibe die Wörter in der *wir*-Form (Grundform) und der *du*-Form auf.

kle□t | schrei□t | ü□t

4 Schreibe die Wörter mit Artikel vor ein Nomen.

lusti□ | gel□ | star□ | wil□

der lustige Clown,

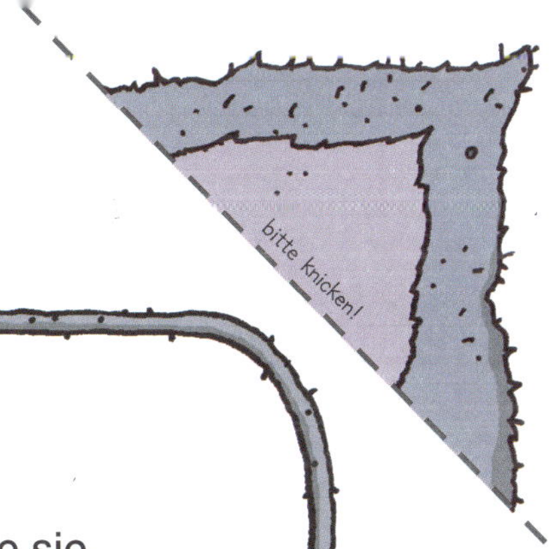

Verlängern

Verlängern

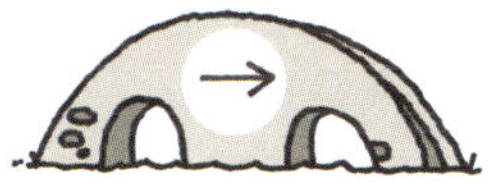

Bei vielen Wörtern findest du durch Verlängern heraus, wie sie geschrieben werden.
Bei Nomen (Substantiven) bildest du zum Verlängern die Mehrzahl.
- der Hund – die Hunde

Adjektive setzt du zum Verlängern vor ein Nomen.
- gelb – eine gelbe Blume

Bei Verben bildest du die *wir*-Form. • er fliegt – wir fliegen

1 Verlängere die Wörter und schreibe sie richtig auf.

das Kin_	die Kinder	das Kind
er sa_t	wir	
muti_		
das Lan_		
sie wie_t		

2 Schreibe die Wörter richtig auf.

 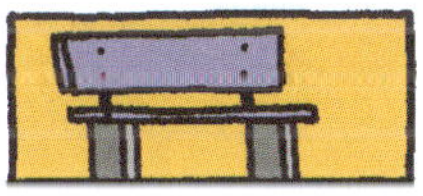  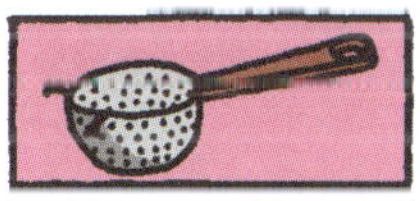

3 Finde heraus, wie man die Wörter schreibt.

Er____beere

Flu____zeug

verlie____t

Die____stahl

Doppelte Mitlaute

1 Schreibe die Wörter richtig auf und markiere den kurzen Selbstlaut der ersten Silbe mit einem Punkt.

2 Schreibe die nachfolgenden Mitlaute farbig nach.

Palme

3 Ergänze den Satz.

Nach einem kurzen Selbstlaut in der ersten Silbe folgen mindestens ______ Mitlaute.

Bei *Kette* höre ich nur einen Mitlaut nach dem kurzen Selbstlaut. Also muss ich ihn beim Schreiben verdoppeln.

4 Untersuche die Wörter so wie Esteban. Schreibe sie richtig auf und markiere den kurzen Selbstlaut in der ersten Silbe mit einem Punkt.

 Messer
 Puppe
 Sonne
 Tasse

Futter
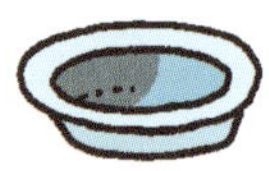 Teller

Messer,

5 Diese Wörter klingen ähnlich. Schreibe sie richtig auf.

 ______  ______

bitte knicken!

Doppelte Mitlaute

Doppelte Mitlaute 

Nach kurzem Selbstlaut in der ersten Silbe musst du einen einzelnen Mitlaut verdoppeln, damit du wieder zwei hast.

- Spinne, Klasse, fallen

1 Schreibe die Wörter richtig auf.

Bring mir bitte einen  __________ mit. Ich packe meinen  __________. Kannst du gut 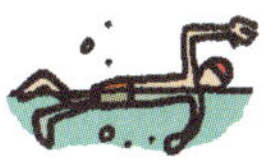 __________?

2 Setze die fehlenden Buchstaben ein.
Setze Silbenbögen unter die Wörter.

3 Schreibe die Sätze in dein Heft.

Bei *Dackel* höre ich nur einen Mitlaut nach dem kurzen Selbstlaut. Also müsste ich *kk* schreiben. Aber statt *kk* schreibt man *ck*.

Esteban re____t schne____. Lexi und Pele re____en schne____er.

Ein Esel ka____ viel fre____en. Zwei Esel kö____en mehr fre____en.

Ein Dackel be____t laut. Zwei Pudel be____en lauter.

4 Untersuche die Wörter so wie Esteban und schreibe sie richtig auf.

5 Überprüfe die Wörter mit dem Wörterbuch.

    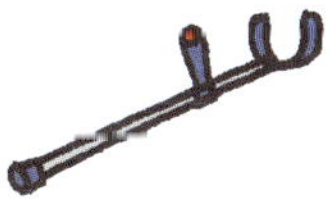

____

____

____

Silbentrennung am Zeilenende

(1) Warum ist Esteban mit seiner Einladung nicht zufrieden?

(2) Was könnte er anders machen? Überlege.

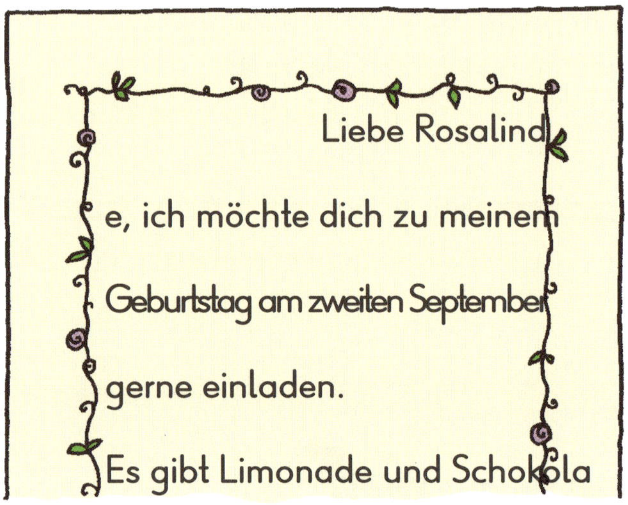
Liebe Rosalind
e, ich möchte dich zu meinem
Geburtstag am zweiten September
gerne einladen.
Es gibt Limonade und Schokola

Am Zeilenende kannst du ein Wort nach einer Silbe mit einem Trennstrich trennen.

(3) Setze Silbenbögen unter die Wörter.

(4) Trenne die roten Wörter und schreibe sie getrennt in die Schreibfelder.

Liebe Rosalinde!
Ich möchte dich zu meinem Geburtstag am zweiten September
gerne einladen. Es gibt Limonade und Schokoladentorte.
Emil und Isabella kommen auch.
Dein Esteban

Rosalinde	Geburtstag	September	Limonade
Rosa- linde			

Silbentrennung am Zeilenende

1 Esteban weiß nicht, wie er die Wörter trennen soll.
Setze Silbenbögen unter die Wörter.

2 An welchen Stellen kannst du überall trennen?

Geschenkpapier

Schokoladentorte

Geburtstagskerze

Geburtstagsblumenstrauß

3 Suche dir zwei der Wörter aus und schreibe sie mit Trennstrichen auf.

4 An wie vielen Stellen kannst du Konfettiregenmaschine trennen?

An ______ Stellen.

5 Füge die Silben zusammen. Welche Spiele muss Esteban noch vorbereiten?

hüp Sack fen

Blech fen
do sen wer

ko wett sen
Scho kuss es

Großschreibung

1 Hilf Esteban, alle Nomen auf seinem Zettel zu finden. Unterstreiche sie blau. Schreibe sie mit Artikeln auf.

2 Begründe, warum Nebel großgeschrieben wird.

Ein Stern – viele Sterne, also wird *Stern* großgeschrieben. Ein Nebel – viele Nebel? Das geht doch nicht ... Wieso wird *Nebel* großgeschrieben?

stern	nebel	blut
buch	pause	groß
hell	hoch	angst

der Stern,

Nomen (Substantive) werden großgeschrieben. Ein Wort ist ein Nomen, wenn es eine Einzahl und eine Mehrzahl dafür gibt oder wenn es einen Artikel (Begleiter) dafür gibt.
Für manche Nomen gibt es nur eine Einzahl oder nur eine Mehrzahl. Dann kannst du probieren, ob du für das Wort einen Artikel findest.

3 Finde alle fünf Nomen. Kreise sie ein. Schreibe sie richtig auf.

Z	U	C	K	E	R
A	G	I	M	D	T
E	M	U	S	I	K
L	Y	S	I	K	O
T	D	T	B	U	W
E	S	M	W	I	A
R	F	I	J	V	S
N	A	L	E	V	S
X	F	C	P	R	E
M	E	H	L	H	R

Großschreibung

1 Esteban schreibt gerne Gruselgeschichten am Computer.
Welche Tasten kennt er noch nicht?

2 Überlege, wo die Sätze zu Ende sind. Setze dort einen Punkt.

3 Kreise alle Wörter ein, die großgeschrieben werden müssen.

der esel im moor

schaurig ist es in der nacht im moor der wind treibt die wolken über den himmel der mond wirft lange schatten der kleine esel rennt so schnell er kann unter seinen hufen gluckert das moorwasser

MERKE! Dieses Zeichen erinnert dich daran, dass du Satzanfänge und Nomen (Substantive) großschreibst. Gg

4 Schreibe die Geschichte richtig ab.

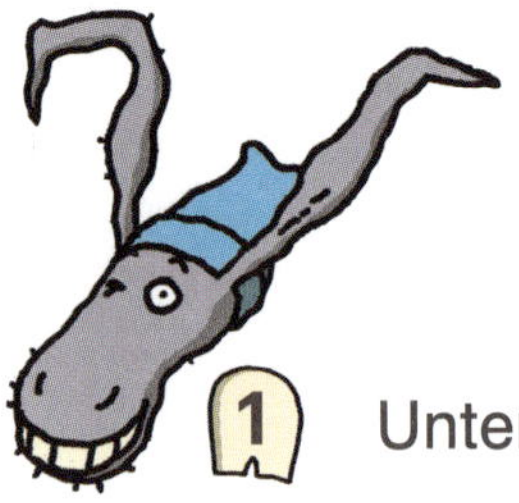

Verben

1 Unterstreiche in jedem Satz das Wort, das sagt, was die Esel machen.

MERKE!
Wörter, vor die man *wir* setzen kann, heißen Verben.
Alle Verben haben eine Grundform. Du findest sie, wenn du die *wir*-Form bildest.

2 Finde alle Verben und unterstreiche sie rot.

Estebans Geburtstag

Um drei Uhr klingelt es bei Esteban. Emil steht mit Isabella vor der Tür. Sie tragen ein riesiges Paket. Esteban öffnet die Schleife und packt das Geschenk aus. Plötzlich streckt Rosalinde ihren Kopf aus dem Paket. Esteban erschrickt, aber dann lacht er. Zusammen feiern sie Estebans Geburtstag.

3 Schreibe die neun Verben aus dem Text in der Grundform auf. ESTEBAN

klingeln,

Adjektive

1 Esteban ist in Rosalinde verliebt. Er möchte ihr sagen, wie sehr er sie mag. Zuerst überlegt er, was ihm an ihr so gut gefällt. Schreibe es auf.

Zähne

weich

~~lang~~

blau

Lippen ~~Ohren~~ Fell

lange Ohren

Augen rot weiß

lang Wimpern

MERKE!

Adjektive sind Wörter, die man vor ein Nomen (Substantiv) setzen kann. Sie geben an, wie jemand oder etwas ist.

2 Esteban überlegt, wie er Rosalinde nun all die Dinge sagt. Schreibe es auf.

Dein Fell ist so weich.

Deine ______ sind ______.

Deine ______ sind ______.

Deine ______ sind ______.

3 der schön wun

Rosalinde, du bist ______.

Großschreibung

1 In der Geschichte sind alle Nomen kleingeschrieben. Finde die Nomen und unterstreiche sie.

Esteban liegt im ☐ bett und liest in einem ☐ buch ☐ geschichten. Er liest von ☐ gespenstern und ☐ vampiren. Plötzlich hat er ☐ durst. Er geht in die küche. Da hört er ein leises Trippeln.

2 Setze die passenden Adjektive vor die Nomen. Schreibe die Nummern der Adjektive in den Text.

1 warmen | 4 großen | 5 schrecklichen | 2 gruselige | 3 dicken | 6 schauerlichen

3 Schreibe den Text mit den Adjektiven richtig auf.

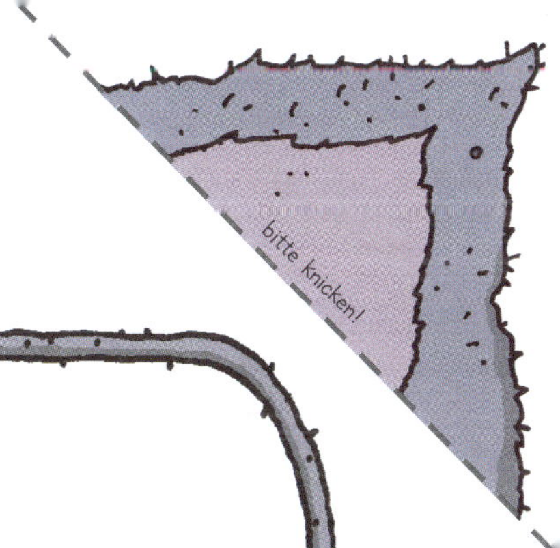

Großschreibung

Großschreibung

Nomen (Substantive) schreibst du groß.
- der Ball – die Bälle, das Haus – die Häuser

Manchmal werden auch andere Wörter als Nomen großgeschrieben. Kannst du in einem Satz vor ein Wort ein Adjektiv setzen, dann schreibst du das Wort groß. Das Adjektiv muss eine Endung haben.
- das laute Klingeln

1 Schau dir die farbigen Wörter an. Welches sind Nomen? Unterstreiche sie.

Esteban lauscht: Was ist das für ein Geräusch?

Hört er das knisternde Stroh? Ist da ein Trippeln?

Raschelt das Laub in den Bäumen? Oder ist da ein Flüstern?

2 Schreibe die beiden farbigen Wörter auf, die übrig bleiben.

3 Zu welcher Wortart gehören diese beiden Wörter?

4 Suche dir zwei Adjektive aus, die zu den Wörtern passen. Schreibe sie auf.

Ist da ein ____________ Trippeln?

Oder ist da ein ____________ Flüstern?

Großschreibung

1 Setze in die Lücken Adjektive, die passen.

2 Verbessere die Wörter, die großgeschrieben werden müssen.

In der dunklen Küche hört Esteban ein leises ________ Rascheln,
dann ein ________ trippeln. Er sieht ein
________ leuchten in der Ecke. Esteban hat Angst.
Plötzlich bewegt sich das ________ grün in der Ecke
und es folgt ein ________ scheppern. Schnell macht
er das Licht an: Er sieht noch ein ________ huschen
und dann ist der Spuk vorbei. Hilfe! Mäuse!

3 Finde die Fehler. Unterstreiche sie und schreibe die Sätze richtig auf.

Esteban sieht ein helles leuchten.
Der eimer scheppert laut.
Er hört ein leises wispern.
Mit einem lautlosen flattern entfernt sich die fledermaus.

____

____

____

____

____

Großschreibung

1 Was fällt dir an den fett gedruckten Wörtern auf?

Esteban bewundert den Dichter Reiner Mario Rabe.
Er hat ihm einen Brief geschrieben.

Sehr geehrter Herr Rabe,
ich habe **Ihr** Gedicht über den Herbst gelesen. Es hat mir sehr gut gefallen.
Haben **Sie** noch andere schöne Gedichte geschrieben?
Über **Ihre** Antwort freue ich mich.
Ihr Esteban

2 Wie schreibst du die fett gedruckten Wörter normalerweise?

____

MERKE!

Die höfliche Anrede im Brief wird großgeschrieben.

3 Kreise die höflichen Anreden ein.

Ich möchte mich bei Ihnen für Ihren netten Brief bedanken.

4 Denke dir eine Antwort von Herrn Rabe an Esteban aus.

Ich lade Sie ein	Ihr Reiner Mario Rabe	es freut mich, dass
Lieber Herr Esteban,	ich schicke Ihnen	vielen Dank für Ihren Brief.

____

____

____

____

Üben

1 Finde die 11 Wörter.

2 Male die fünf Nomen blau, die drei Verben rot und die drei Adjektive grün aus.

3 Schreibe die Nomen mit Artikel auf.

F	R	H	M	U	B	E
B	D	E	Ü	I	B	L
R	I	Z	D	N	U	T
S	E	H	E	N	T	E
E	B	U	H	E	T	R
A	N	D	Ü	B	E	N
U	N	A	H	E	R	O
K	H	E	L	L	J	F
U	H	A	L	T	E	N

4 Was wird großgeschrieben? Überlege und schreibe richtig.

lautlos — lautes lachen — dunkle nacht

herbst — schleichen — helles rot

5 Setze Punkte. Verbessere die Wörter im Text, die großgeschrieben werden müssen.

Die sonne scheint die kinder gehen zum schwimmen ins meer das plätschern der wellen vermischt sich mit dem kreischen der möven und dem rufen der kinder

6 Warum hast du die Wörter verbessert? Begründe es.

Fehler finden

Esteban möchte an einem Schreibwettbewerb teilnehmen.
Er hat dafür ein Gedicht geschrieben, das er noch überarbeiten muss.

Herbsgeflüster

Im Hebst seh ich die Astern stehn,
die Blüten lagsam zu Ende gehn.
Der Sturmwint fegt durch Büsche und Bäume,
weht auch hinweg die Somerträume.
Doch hab ich gesamelt in meinem herzn,
Blumndufft und fiel Sonenschien
Damit es einem warm wird bei Kersenschein.

1 Hilf Esteban, seinen Text zu verbessern. So gehst du vor:

Fehler finden

1. Lies den Text langsam Wort für Wort vorwärts und rückwärts oder in Silben.
2. Unterstreiche Wörter, bei denen du dir unsicher bist.
3. Kannst du dir die Schreibung erklären?

4. Wenn du nicht weiterweißt, schlage das Wort im Wörterbuch nach.
5. Prüfe außerdem:
   Hast du Satzzeichen gesetzt? Sind die Satzanfänge großgeschrieben? Hast du an die Punkte der Umlaute gedacht?

2 Unterstreiche die Fehler in Estebans Gedicht.

3 Schreibe Estebans Gedicht richtig in dein Heft.

Wortbausteine

1 Bilde aus den Bausteinen Wörter und schreibe sie auf.

AN VER AUF SCHREIB ER EN UNG AB VOR T

vorschreiben,

2 Aus welchen Bausteinen bestehen die Wörter? Rahme sie ein und kreise den Stamm ein.

BE VOR VER

FISCH KIND KAUF LES STELL SING

CHEN LEIN ER IN UNG

EN T

Fisch lein	Leserin	Bestellung	verkaufen	Kindchen
singt	vorlesen	Vorleser	Lesung	fischt

3 Bilde aus den Wortbausteinen Wörter und schreibe sie auf.

AN AB AUF VER BAU ER EN

anbauen,

bitte knicken!

Wortbausteine

Wortbausteine

Viele Wörter bestehen aus mehreren Wortbausteinen.
Es gibt vier Arten von Wortbausteinen:
Vorsilben, Wortstämme, Nachsilben und Endungen.
Wenn du weißt, wie die Wortbausteine geschrieben werden, kannst du das ganze Wort richtig schreiben.

Ab	wasch	bar	es
Vorsilbe	Stamm	Nachsilbe	Endung

1 Bilde aus den Wortbausteinen Wörter und schreibe sie auf.

VER BE AUF AB UNG CHEN EN E

Wortstamm TEIL	Wortstamm LIEB	Wortstamm HELF

2 Bilde neue Wörter mithilfe der Wortbausteine.

Löwe Esel Bär in chen lein

die Löwin,

Vorsilben

1 Verbinde die Vorsilben mit passenden Verben. Schreibe jeweils fünf Verben auf.

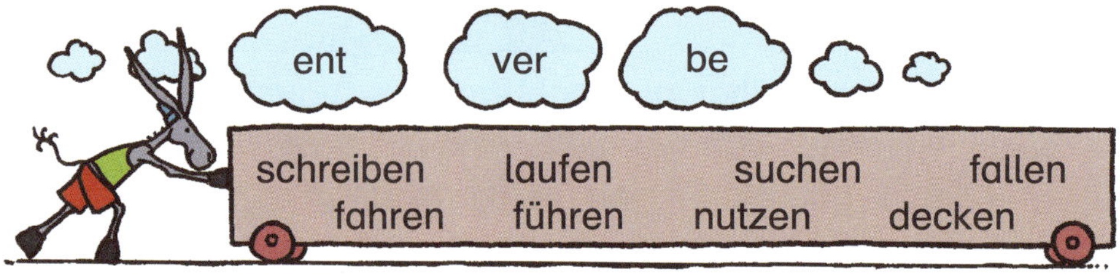

ent-	ver-	be-
entlaufen		

2 Schreibe zu jedem Bild einen Satz. Benutze Verben mit Vorsilben.

3 Suche im Wörterbuch Verben mit den Vorsilben vor ab auf. Schreibe sie auf.

Vorsilben

1 Schreibe die Nomen mit Vorsilben auf.

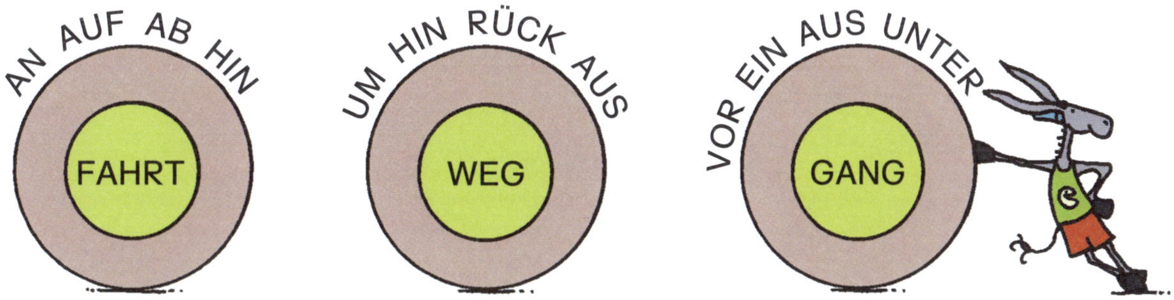

die Fahrt	der Weg	der Gang
Anfahrt		Vorgang

2 Verbinde die Adjektive mit der Vorsilbe.

3 Schreibe die neuen Adjektive auf.

un

deutlich | klar | sicher | geduldig | glücklich | sichtbar

undeutlich,

4 Schreibe Sätze mit den Wörtern auf der Karte.

sichtbar unsichtbar

Nachsilben

1 Kreise den Wortstamm der Verben ein.

2 Bilde Nomen mit der Nachsilbe **ung** und schreibe sie mit Artikel auf.

die Kreuzung,

3 Bilde aus den Adjektiven Nomen mit den Nachsilben **heit** oder **keit**.
Schreibe sie mit Artikel auf.

-heit: schön, klug, frech, faul, frei, wahr

-keit: höflich, sauber, traurig, haltbar, schwierig

die Schönheit,

4 Schreibe eigene Sätze mit einigen der Nomen.

5 Vervollständige Estebans Sprechblase.

An den Wortbausteinen *-heit*, *-keit* und *-ung* erkenne ich Nomen. Sie haben immer den Artikel ____!

Nachsilben

1 Bilde aus den Nomen Adjektive. Schreibe sie auf.

Glück	Eile	Freund	Mut	Schreck
Dreck	Friede	Langeweile	Gefahr	Fleiß

lich

ig

glücklich,

2 Verlängere die Adjektive und setze sie in die passenden Lücken ein.

die ______ Frau	die ______ Schuhe
der ______ Bote	die ______ Menschen
das ______ Kind	die ______ Aufgabe
der ______ Ritter	das ______ Messer
das ______ Wetter	die ______ Kinder

3 Schreibe Sätze über Esteban mit den Wörtern auf den Karten.

hungrig

neugierig

ärgerlich

Endungen

1. Schreibe die passenden Verbformen in die Lücken.
2. Kreise den Teil der Verben ein, der immer gleich bleibt.

Ich ______ Ball.
Du ______ Ball.
Er ______ Ball.

Wir ______ Ball.
Ihr ______ Ball.
Sie ______ Ball.

MERKE!

Jedes Verb hat einen Stamm und verschiedene Endungen.

3. Schreibe die Verben auf. Kreise den Stamm ein und schreibe die Endungen farbig nach.

wir ______	wir ______	wir ______
ich ______	ich ______	ich ______

4. Lies die Sätze und trage die Endungen der Verben ein.

Felix und Oskar geh______ mit dem Hund spazier______.

Der Hund heiß______ Lana. Felix häl______ Lana an der Leine.

Ein anderer Hund komm______ vorbei. Er bell______.

Die Hunde freu______ sich und woll______ spiel______.

Oskar sag______: „Du kann______ Lana ruhig

etwas tob______ lass______."

Endungen

(1) Verbinde jedes Nomen mit einem passenden Adjektiv.

die Maus  das Haus  rot laut

 das Auto  die Musik leise klein

(2) Schreibe die Nomen mit den passenden Adjektiven auf. Was fällt dir auf?

das rote Auto, ____________________

____

MERKE! Wenn Adjektive vor Nomen (Substantiven) stehen, haben sie eine Endung.

(3) Trage passende Adjektive in die Lücken ein.

eine ________ Katze

ein ________ Hund

ein ________ Krokodil

ein ________ Kamel

(4) Schreibe die Mehrzahl auf. Rahme die Endungen ein. Was fällt dir auf?

der Freund – die Freunde

das Kind – ________

der Löwe – ________

das Zebra – ________

MERKE! Viele Nomen (Substantive) haben in der Mehrzahl eine Endung.

(5) Kreise den Stamm ein und rahme die Endungen der Nomen ein.

Fliege

Fliegen

Flieger

Zusammengesetzte Wörter

1 Verbinde die Nomen, die zusammenpassen. Schreibe die Wörter mit Artikel auf.

Haus	Keller	Blumen		Flur	Beet
Garten	Gemüse		Garten	Tür	Zaun

der Hausflur,

2 Bilde zusammengesetzte Nomen und schreibe sie auf.

Geburt	Anzeige Tag Ort	Übung	Heft Aufgabe Arbeit

Geburtsanzeige,

Aus zwei Nomen (Substantiven) kann man ein neues Nomen bilden.
Manchmal muss man ein Binde-*s* dazwischensetzen.

3 Schreibe zusammengesetzte Nomen in dein Heft. Das Ende des einen ist der Anfang des nächsten.

Zusammengesetzte Wörter

1 Finde zusammengesetzte Nomen, die aus möglichst vielen Wörtern bestehen.

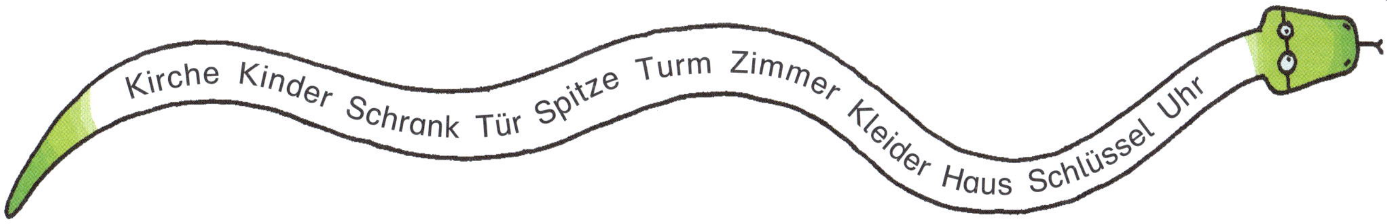

die Kirchturmuhr,

2 Zerlege die zusammengesetzten Nomen. Überprüfe sie mit dem Wörterbuch.

 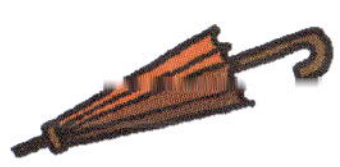  

der Hund – die Leine,

3 Verbinde die Wörter und bilde zusammengesetzte Nomen. Schreibe sie auf.

merken | turnen | Schuh | Heft | bunt | groß | Stift | Stadt

das Merkheft,

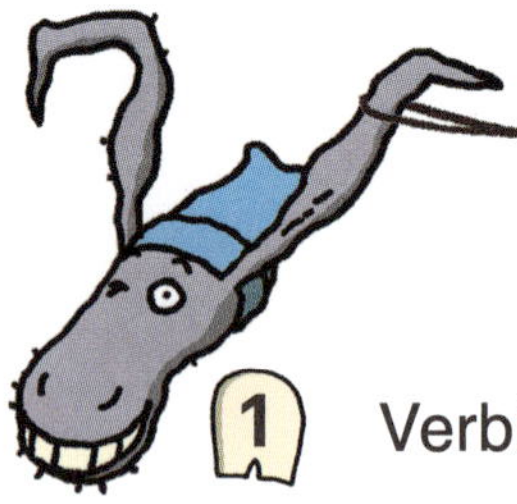

Üben

1 Verbinde Nomen und passende Nachsilben. Schreibe die neuen Wörter auf.

Lehrer Pferd Schneider Arbeiter Kellner Kind

in chen lein

die Lehrerin,

2 Bilde Verben mit den Vorsilben und schreibe sie auf.

3 Suche im Wörterbuch weitere Verben mit *an* und *ab*. Schreibe sie in dein Heft.

an: kommen, reisen, fahren, nehmen

ab: fahren, fliegen, nehmen, reisen

ankommen,

4 Hier sind acht Fehler versteckt. Zerlege die schwierigen Wörter in ihre Bausteine, dann findest du sie leichter. Verbessere die Fehler im Text.

Esteban hat sich ferlaufen. Er wollte eine Apkürzung nehmen. Dabei hat er die Richtunk ferloren. Er will fersuchen, die alte Eiche zu finden. Dort ist er immer forbeigekommen. Endlich endeckt er die alte Eiche. Welche Erleichterunk!

Wörter üben

1 Schreibe die schwierigen Stellen in den Wörtern farbig nach.

2 Schreibe die Wörter ab. Setze dann Silbenbögen unter die Wörter.

nächste | verschiedene | plötzlich | wieder | ein bisschen

3 Verbinde die Wörter mit der Geheimschrift. Schreibe die Wörter daneben.

zuletzt
trotzdem
vielleicht
während
setzt

4 Nummeriere die Wörter nach dem Abc.

	viel		Diktat		zwischen		plötzlich
	überall		direkt		anschließend		Arzt
1	abends		als		Berichtigung		ohne

5 Schreibe die Wörter in dein Heft.

Testebanseite

(1) Zerlege die Wörter in ihre Bausteine. Rahme die Wortbausteine farbig ein.

Ein | lad | ung   verlieben   Verabredung   entdecken

(2) Bilde aus den Wortbausteinen Wörter und schreibe sie auf.

vor   ab   les   er   ung   en

(3) Bilde mit den Wortbausteinen *-heit* und *-keit* Nomen.

(4) Schreibe die Nomen auf und rahme die Wortbausteine farbig ein.

traurig   schön   freundlich   frei   schwierig   selten

-heit	-keit

(5) Zu welcher Wortart gehören die Wörter mit *-ig* und *-lich*? Kreuze an.

☐ Nomen   ☐ Verb   ☐ Adjektiv

(6) Setze *-ig* oder *-lich* ein.

witz___   rund___   lust___   ries___

schreck___   mut___   fröh___   heim___

Testebanseite

1 Lies den Brief und unterstreiche die Wörter, die man trennen kann.

2 Schreibe den Brief ab und trenne am Ende einer Zeile.

Lieber Esteban,

ich komme gerne
zu deiner
Geburtstagsfeier
am 2. September.

Deine Rosalinde

3 Ordne die Wörter in die Tabelle ein.

FEIERN	TEUER	SCHÖN	LÖFFEL	TUN	DICHTEN
SINGEN	LIEBE	BLAU	FROH	FEIER	TAG

Nomen	Verben	Adjektive

4 Unterstreiche die Wörter, die großgeschrieben werden müssen.
Verbessere die Fehler im Text.

6

Nach der feier gehen die freunde nach Hause. essen und spielen haben sie ziemlich müde gemacht. für morgen haben sie aber schon wieder ein treffen verabredet.

Wortfamilien

1 Setze aus den Teilen neue Wörter zusammen und schreibe sie auf.

2 Kreise den Teil der Wörter ein, der immer gleich bleibt.

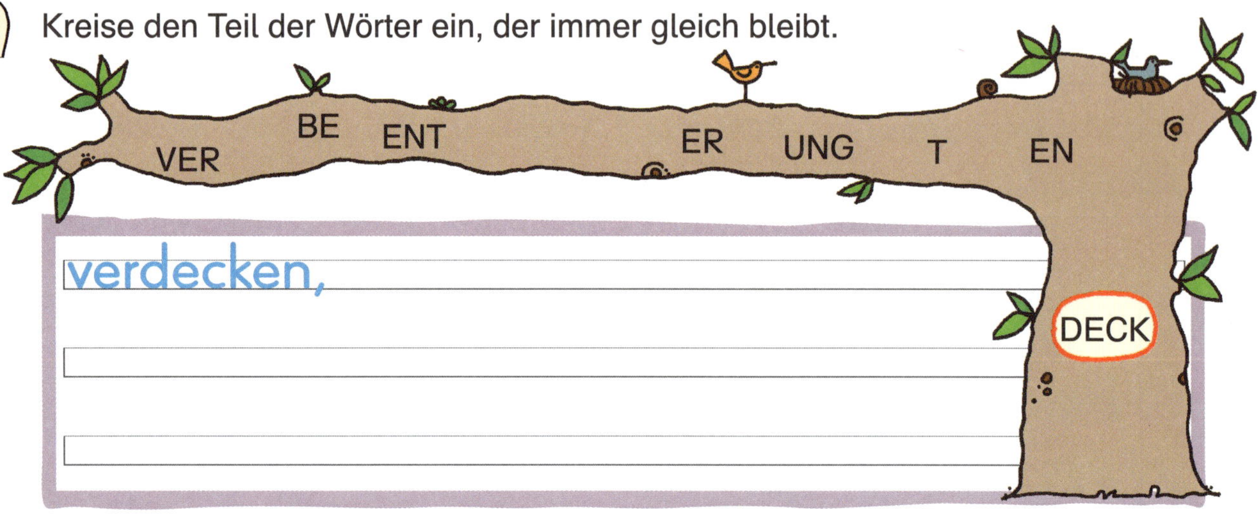

verdecken,

Der Wortstamm ist der Teil des Wortes, der bei verwandten Wörtern gleich ist. Wörter, die denselben Wortstamm haben, gehören zu einer Wortfamilie.

3 Schreibe die Wörter der Wortfamilie *turnen* auf.

VOR | TURN | ÜBUNG | SCHUHE | HALLE | IN | ER | EN

turnen,

4 Hier hat sich eine Wortfamilie versteckt. Welche?
Kreise alle Wörter ein, die zu dieser Wortfamilie gehören.

Fahrkarte	Reiseführer	Abenteuer	Reiseziel	Reise
abreisen	Koffer	Sommerferien	verreisen	Zeitreise
unterwegs	Reisezeit	Flughafen	Reisebüro	Reisekoffer
Reisewetter	Reiselust	Bahnhof	anreisen	Ankunft

Wortfamilien

1 Bilde Wörter, die zur Wortfamilie *fahren* gehören, und schreibe sie auf.

2 Kreise in jedem Wort den Wortstamm ein.

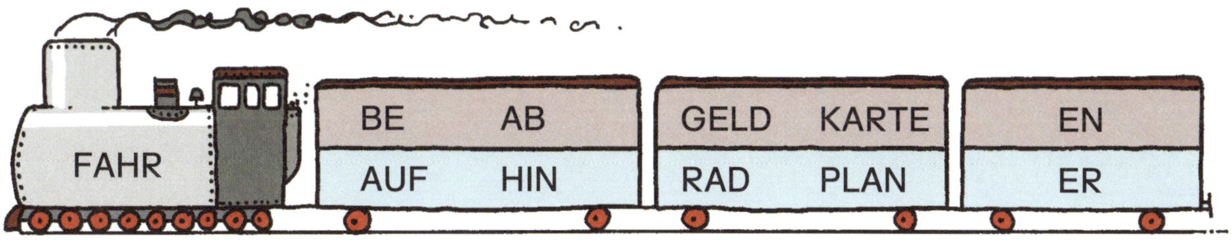

Fahrkarte,

3 Bilde mit den Wortbausteinen Wörter und schreibe sie in die Tabelle.

SCHREIB

VER
AB

MÜTZE
SCHRIFT
LIED
ZEUG

ANZUG
ZIMMER
MASCHINE
WAGEN

EN
ER

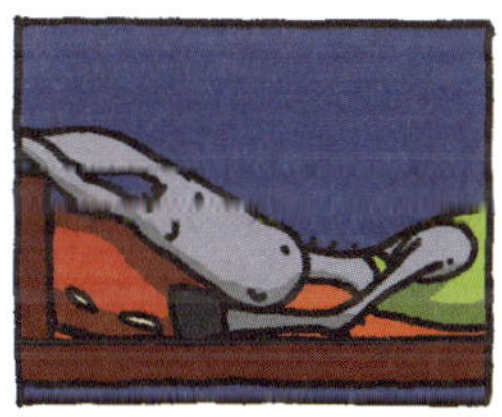

SCHLAF

SCHREIB	SCHLAF
verschreiben	

Verwandte Wörter

1 Sprich die Wörter und untersuche den ersten Selbstlaut. Was fällt dir auf?

Hemd | Hände | wenden | Wände | klettern | glätten | kämmen

2 Zu welchen der Wörter kennst du ein verwandtes Wort mit *a*?

Hände – Hand,

3 Fehlt *äu* oder *eu*? Schreibe die Wörter, zu denen du ein verwandtes Wort mit *au* kennst, richtig auf.

K_fer | Fr_nd | B_me | F_er | tr_men | l_chten

ich kenne ein verwandtes Wort mit *au*	also schreibe ich:
kaufen	

4 Schlage die Wörter im Wörterbuch nach. Schreibe das Wort richtig hinter die passende Aussage.

Auf meinem Brot esse ich gerne K_se mit S_nf und frischen Kr_tern.

Für das Wort kenne ich einen Verwandten mit *au*: ______.

Für das Wort gibt es keinen Verwandten mit *a*: ______.

Das Wort wird mit *e* geschrieben: ______.

5 Finde das verwandte Wort mit *a*. Sänger

bitte knicken!

Verwandte Wörter

Wortfamilie

Wörter einer Wortfamilie haben denselben Wortstamm.
Du schreibst ihn immer gleich. Der Selbstlaut im Stamm kann sich ändern.

- die Gefahr – gefährlich; wohnen – die Wohnung – das Wohnzimmer

1 Suche verwandte Adjektive mit *ä*. Schreibe *ä* und *a* farbig nach.

Angst – ______ Gefahr – ______

Kraft – ______ Jahr – ______

2 Suche verwandte Wörter mit *äu*. Schreibe *äu* und *au* farbig nach.

Schaum – ______ sauber – ______

Raum – ______ braun – ______

3 Suche verwandte Verben mit *au*. Schreibe *au* und *äu* farbig nach.

Räuber – ______ Käufer – ______

Säugling – ______ Geräusch – ______

4 Male die Wortpaare in der gleichen Farbe an, die zu einer Wortfamilie gehören.

5 Kreise den Wortstamm in allen Wörtern ein. Schreibe den Selbstlaut farbig nach, der sich verändert.

das Gebäude	mächtig	die Zahl	zählen	bauen	die Macht

Verwandte Wörter

1 Bilde aus den Wortbausteinen Wörter, die zur Wortfamilie gehören, und kreise den Wortstamm ein.

ver ab weg ge aus pack päck er ung en e t

2 Ordne die Verbformen in die Tabelle ein. Kreise den Wortstamm ein.

~~sprechen~~ du gibst ~~du sprichst~~ ~~er sprach~~ geben helfen
treffen du triffst er half er traf du hilfst er gab

Grundform	*du*-Form	Präteritum (einfache Vergangenheit)
sprechen	du sprichst	er sprach

3 Suche das Verb im Wörterbuch und trage die Formen in die Tabelle ein.

dürfen

Richtig abschreiben

1 Welchen Tipp gibt Esteban seinem Freund?

Richtig abschreiben

Lies einen ganzen Satz.

Teile ihn in Abschnitte ein, die du dir gut merken kannst. Achte auf schwierige Stellen.

Lies den ersten Abschnitt und merke ihn dir.

Schreibe den Abschnitt aus dem Gedächtnis auf. Mache es mit den übrigen Abschnitten ebenso.

Überprüfe Wort für Wort und verbessere die Fehler.

2 Schreibe die Sätze in dein Heft. Achte auf die Arbeitsschritte.

Zum Frühstück isst Esteban gerne Müsli mit Milch. Seine Mutter mag am liebsten Joghurt mit frischen Früchten. Sein Vater macht sich fast immer Vollkornbrot mit Käse und Gurkenscheiben.

Wörter mit *st*, *sp* und *sch*

1 Ordne die Nomen nach dem Abc und schreibe sie geordnet auf.

Spiegelei | Stiefel | Sport | Schule | Schwimmbad | Strand

2 Schlage die Verben im Wörterbuch nach. Schreibe sie in der Grundform auf.

du spielst | ich stöbere | sie strahlt | ihr steht | er springt | sie schwimmt

3 Fehlt *sch*, *st* oder *sp*? Schreibe die Wörter richtig auf.

sch | st | sp

reng | ange | ange | lange | römung

4 Was passt? Schreibe alle Verben auf, die du finden kannst.

r | schw | z | kl | br | ingen | t | s | spr | schl | p

Wörter mit ß

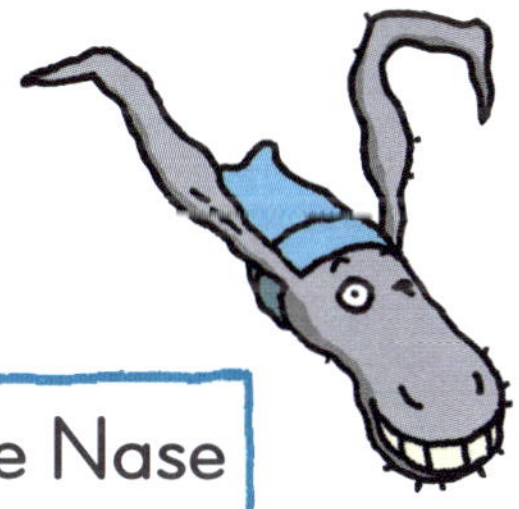

1 Lies die Wörter laut. Setze Silbenbögen.

heiße Soße | riesige Nase

2 Höre genau auf die *s*-Laute. Vergleiche. Wo hörst du einen summenden *s*-Laut und wo einen zischenden *s*-Laut?

Nach einem langen Selbstlaut schreibst du den summenden *s*-Laut mit *s*, den zischenden Selbstlaut mit *ß*.
Wenn das Wort nur eine Silbe hat, dann verlängere es.

3 Fehlt *s* oder *ß*? Schreibe die Wörter in das richtige Glas.

Ho__e | Klö__e
schie__en | gie__en
Ra__en | Ha__e

s: ______ ______ ______

ß: ______ ______ ______

4 Suche das passende Reimwort.

Gruß	gießen	Schweiß	Floß
F______	fl______	h______	K______

5 Fehlt *s* oder *ß*? Trage den richtigen Buchstaben ein.

Drau____en ist es hei____. Esteban geht über die Wie____e zum Fluss, um seine Fü____e zu kühlen. Im Wasser findet er einen gro____en, wei____en Stein zum Sitzen. Esteban genie____t das kühle Nass und schaut zu, wie das Wasser flie____t.

Fremde Wörter

1. Kreise die Fremdwörter ein, die du kennst.
2. Male Fremdwort und passende Bedeutung in der gleichen Farbe an.
3. Schreibe die Fremdwörter mit passender Bedeutung in dein Heft.

Ketchup	Team	Kehrreim in einem Lied	Anzeige in Zeitungen oder Zeitschriften
Training	Annonce	planmäßiges Üben	jemand, der für eine Zeitung Beiträge erstellt
Journalist	Refrain	dickflüssige Tomatensauce	Sportmannschaft

4. Was bedeuten diese Fremdwörter? Schlage sie im Wörterbuch nach.

Celsius ______________________________

Doping ______________________________

5. Erkläre den Tipp, den Esteban seinem Freund gibt.

6. Suche die fehlenden Wörter im Wörterbuch und schreibe sie auf.

Name: Esteban

Sternzeichen:  ______________________________

Lieblingsknabberei:  ______________________________ S. ____

Lieblingsspielzeug:  ______________________________ S. ____

Lieblingsfarbe: 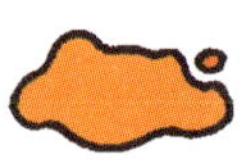 ______________________________ S. ____

Lieblingstier:  Chamäleon S. ____

Fremde Wörter

Merkwörter

Bei vielen Wörtern musst du auswendig wissen, wie sie geschrieben werden. Es sind Merkwörter. Viele fremde Wörter sind Merkwörter.

- Pharao, Chips, Training

1 Welchen Buchstaben hörst du bei diesen Wörtern am Anfang?

Ich höre ______________.

2 Suche die Wörter im Wörterbuch und schreibe sie auf.

____

3 Unter welchem Buchstaben findest du diese Wörter? Kreuze an und schreibe die Wörter richtig auf.

 ☐ V ☐ W ______________

 ☐ D ☐ J ______________

4 Schlage das Wort nach. Schreibe mit diesem Wort einen Satz.

 ______________________________

5 Wie würdest du die Wörter schreiben? Probiere zuerst auf einem Probierzettel aus und schlage dann im Wörterbuch nach.

 ______________  ______________

 ______________  ______________

Silbentrennendes *h*

1. Lies die Wörter. Was ist bei ihnen gleich?

2. Schreibe die Selbstlaute farbig nach und überlege, warum die Wörter mit *h* geschrieben werden.

gehen

Truhe

nähen

Ruhe

Kühe

3. Schreibe die Wörter richtig ab und setze Silbenbögen unter die Wörter.

gehen,

Endet eine Silbe mit einem Selbstlaut und fängt die nächste Silbe mit einem Selbstlaut an, wird zwischen die beiden Silben ein *h* geschrieben.

4. Setze die Nomen in die Mehrzahl und schreibe sie in Silben getrennt auf.

Schu | Ze | Ku | Flo | Re

Schu-he,

5. Setze die Silben zu Wörtern zusammen.

HEN	GLÜ
HE	HÖ
HEN	SPRÜ

Silbentrennendes *h*

1 Male die Socken, die zusammengehören, in der gleichen Farbe an.

du gehst · er sieht · nähen · ich sehe · gehen

sehen · er geht · du siehst · ich nähe · er näht · du drehst

drehen · ich gehe · du nähst · ich drehe · er dreht

2 Ordne die Socken richtig in die Fächer ein.

gehen	drehen
ich gehe	
du	
er	

nähen	sehen

3 Schreibe die Wörter richtig auf.

Esteban ________ den Rasen.

Der Esel ________ den Wagen.

Der Gärtner ________ Dünger.

Die Pferde ________ sehr laut.

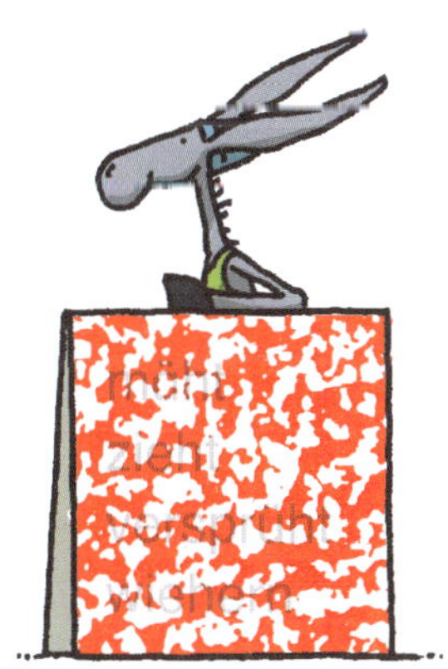

Silbentrennendes *h*

1 Verbinde jedes einsilbige Adjektiv mit dem Nomen.
Schreibe die Wörter wie im Beispiel auf.

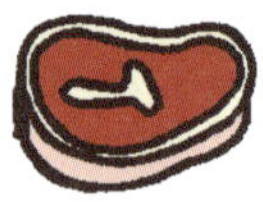   

zä	ro	frü	fro

der frü-he Zug

früh

2 Finde die Fehler und unterstreiche sie.

3 Verbessere die Wörter im Text.

Esteban get gerne in die Bücherei.

Heute sucht er ein Buch über Kräen und Flöe.

Im Leseraum schaut er sich die Bücher in Rue an.

Vor der Tür ziet er sich die Schue aus.

Er setzt sich auf eine True und wackelt mit den Zeen.

Als er sich für zwei Tierbücher entschieden

hat, get er zur Ausleie. Endlich ist er an der Reie.

Er leit sich die Bücher aus. Fro macht er sich auf den Heimweg.

4 Schreibe den Text richtig in dein Heft.

Dehnungs-*h*

1 Überlege, welcher Buchstabe fehlt, und ergänze ihn.

zä__len	O__ren	Fa__ne	Fe__ler	o__ne	U__r
za__m	stra__len	Bo__ne	la__m	i__m	Le__rer

2 Sprich die Wörter und kreuze die richtige Aussage an.

☐ Der erste Selbstlaut klingt kurz. ☐ Der erste Selbstlaut klingt lang.

3 Welche Buchstaben folgen auf das *h*? Kreise ein.

k l s n t m j r

4 Ordne die Wörter in die Tabelle ein.

l	m	n	r

In manchen Wörtern folgt auf den langen Selbstlaut ein Dehnungs-*h*.
Ein Dehnungs-*h* steht vor den Buchstaben *l*, *m*, *n*, *r*.

5 Schreibe die Wörter richtig auf.

Sa_ne	Mö_re	ke_ren	fe_len	Mo_n	i_re

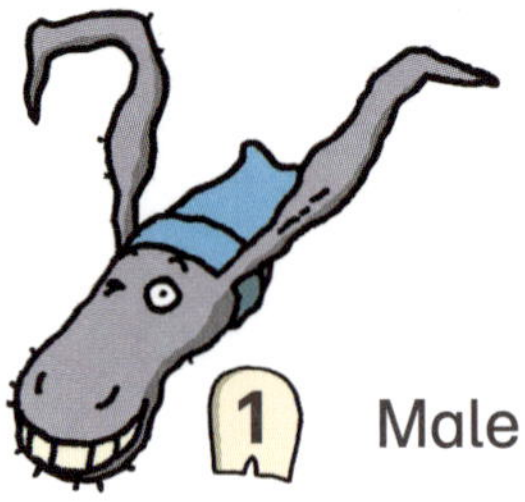

Dehnungs-*h*

1 Male die Wörter, die zu einer Wortfamilie gehören, in der gleichen Farbe an.

Wohnung	auswählen	zählen	Wahl	Wohnwagen	verzählen
abzählen	Wohnzimmer	abwählen	bewohnbar	Zahl	
Wahlergebnis	wohnlich	Auswahl	bezahlen	verwählen	

2 Suche dir eine Wortfamilie aus. Schreibe die passenden Wörter dazu.

3 Bilde Wörter zur Wortfamilie *fahren*. Kreise den Wortstamm ein.

vor, ver, ab	fahr	er, ung	en, e
weg, ge, er	fähr	lich	t

4 Schreibe die Wörter richtig auf.

   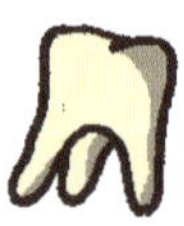 

Dehnungs-*h*

1 Male die Reimwörter in der gleichen Farbe an und schreibe sie auf.

Strähne	Zahn	rühren	Kohle	führen	Sahne
Fahne	Mohn	Bahn	Mähne	Sohle	Sohn

Strähne – Mähne,

2 Bilde zusammengesetzte Nomen.

Schaukel	Stuhl	Büro
fahren		Lehne

Arzt	Zahn	Schmerzen
Bürste		schneiden

3 Finde zu den Verben das passende Nomen und schreibe es mit Artikel auf.

fahren –

bohren –

wählen –

zählen –

4 Fehlt *im* oder *ihm*? Setze die richtigen Wörter ein.

Rosalinde steht mit Esteban __________ Garten.

Sie zeigt __________ die Blumen.

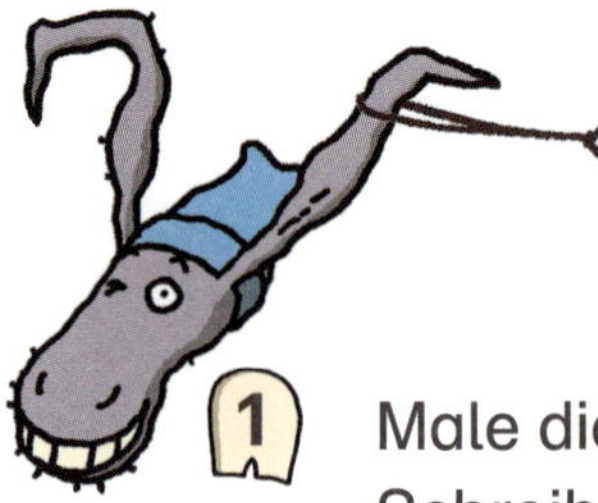

Üben

1 Male die Reimwörter in der gleichen Farbe an.
Schreibe sie auf und schreibe *l*, *m*, *n* und *r* farbig nach.

wählen	führen	lahm	rühren	zahm	Möhre
Sohn	zählen	Sahne	Fahne	Röhre	Lohn

wählen – zählen,

2 Ordne die Wörter in die Tabelle ein.

HOHL WAHR MEHL ERZÄHLEN KOHLE LEHRER
BEZAHLEN KÜHL GEFÄHRLICH FÜHREN RÜHREN STUHL

Nomen	Verben	Adjektive

3 Suche diese Wörter im Wörterbuch und erkläre sie.

Krähe (Seite):

Vieh (Seite):

Rechtschreibstrategien

1 Ergänze die fehlenden Buchstaben und schreibe den Satz richtig auf.

Die Musi__ ist viel zu lau__, trotzdem klin__t das Lie__ schön.

2 Schreibe die Wörter richtig auf.

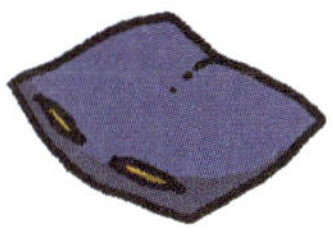   

3 Male die drei Wortfamilien in drei unterschiedlichen Farben an.

erfroren | Schlafzimmer | frieren | Spiel | Gefrierschrank

verschlafen | spielerisch | schläfrig | Spielanleitung

4 Schreibe die Wörter richtig auf. Überprüfe mit dem Wörterbuch.

5 Bilde aus den Wortbausteinen Wörter.

ver | Kleid | er | ung | en

Wörter mit langem *i*

1 Lies die Wörter in Silben und überprüfe den Selbstlaut der ersten Silbe. Ist er lang oder kurz?

2 Trage die Wörter in die Tabelle ein. Was fällt dir auf?

Biene	Tiere	Stiefel	nie	Zwiebel	
Ziege	Bibel	hier	Fibel	vier	Biber
Wiese	ziemlich	lieben	wieder	Kilo	

ie für langes *i*			*i* für langes *i*
Biene			Bibel

Wörter mit langem *i* werden fast immer mit *ie* geschrieben.
Wörter, in denen das nicht so ist, sind Merkwörter.
- Tiger, Biber, ihr

3 Übe die Wörter auf den Karten so, wie es in der Tabelle angegeben ist.

Bibel | Tiger | Biber | Maschine

abschreiben	nach Abc ordnen	Geheimschrift
Bibel		

Wörter mit langem *i*

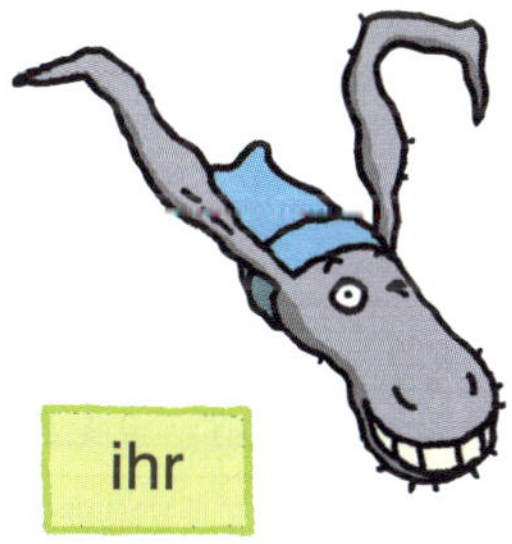

1 Trage die Wörter auf den Karten an der richtigen Stelle ein.

ihr | ihr | ihm | ihnen | ihn

Pepe und Anna

Sie gibt ________ etwas ab. Er gibt ________ etwas ab. Die Schokolade schmeckt ________ gut. Sie begleitet ________ nach Hause. „Da kommt ________ ja", ruft die Mutter.

2 Schreibe die Wörter auf. Überprüfe sie mit dem Wörterbuch.

3 Schreibe einen Satz und benutze mindestens ein Wort von den Karten.

ihr | ihn | ihnen | ihm

4 Trage die Verben richtig in die Sätze ein.

telefonieren | informieren | probieren | diskutieren

Die Suppe musst du ________. Niko will sich im Internet ________. Wir wollen das Problem ________. Lass uns heute Abend ________.

Wortfamilien

1 Setze aus den Teilen neue Wörter zusammen und schreibe sie auf.

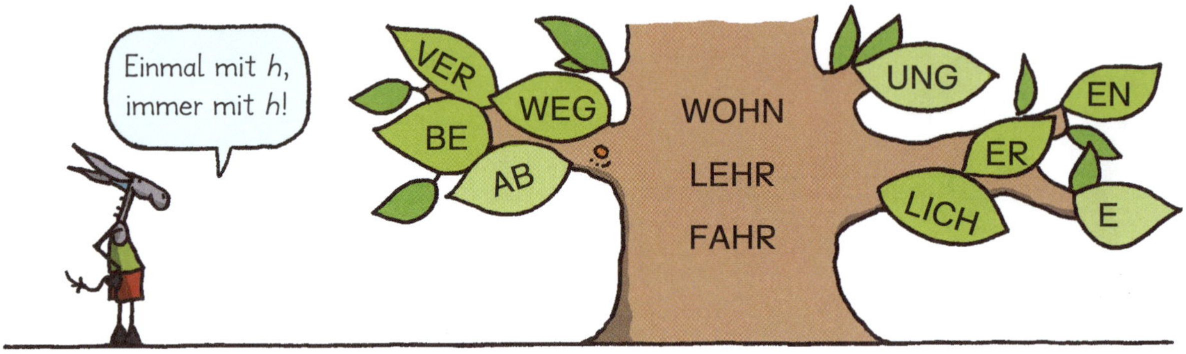

wohnen,

2 Schreibe die Wortfamilie *spielen* auf.

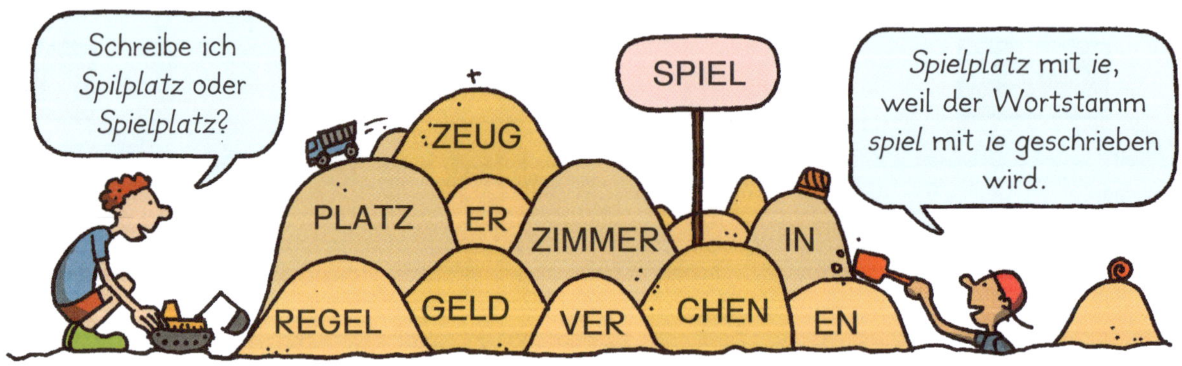

spielen,

Wortfamilien

1 Schreibe Wörter von den beiden Wortfamilien auf. Kreise den Wortstamm ein.

ZAHL oder ZÄHL

WAHL oder WÄHL

VER KAMPF PLAKAT EN ER
BE AB GLÜCK SEITEN ZEHNER UNG IN

Zahl	Wahl
bezahlen	

2 Vervollständige die Sätze.

Ich schreibe *Fahrrad* mit *h*, weil ______________________________.

Ich schreibe *Fahrrad* mit zwei *r*, weil ______________________________.

3 Schreibe Sätze mit den Wörtern auf den Karten. Kreise den Wortstamm ein.

Fahrrad fahren gefährlich verfahren

____

____

____

Merkwörter mit *th* und *ph*

1 Schreibe die Wörter richtig auf und überprüfe sie mit dem Wörterbuch.

2 Löse die Rätsel. Setze die Wörter auf den Karten richtig ein.

Philosoph | Physik | Pharao | Strophe | Alphabet

Eine Naturwissenschaft: ______

Ein Denker, der die Weisheit liebt: ______

Ein anderes Wort für das Abc: ______

Ein Abschnitt eines Gedichts oder eines Liedes: ______

Ein ägyptischer König: ______

Viele Wörter, die wir heute benutzen, stammen aus der Sprache der Griechen und Römer. Sie werden oft mit *ph* oder *th* geschrieben.
- Theater, Physik

3 Schreibe noch mehr Wörter mit *ph* und *th* auf. Schlage sie im Wörterbuch nach.

Merkwörter

1 Schreibe eigene Sätze mit den Wörtern auf den Karten.

Thema | Theater | Physik | Thermometer | Mathematik

2 Löse die Rätsel. Benutze die Wörter auf den Karten.

Maschine

Rosine

Apfelsine

Kantine

Cousine

Manchmal findest du sie im Kuchen.

Damit wird die Arbeit erleichtert.

Hier essen mittags viele Leute.

Eine süße, saftige Frucht mit Schale.

Sie ist die Tochter meiner Tante.

Die Wörter, die auf *-ine* enden, kommen aus der französischen Sprache und werden nicht mit *ie* geschrieben.

3 Schreibe die Wörter mit *-ine* auf. Überprüfe sie mit dem Wörterbuch.

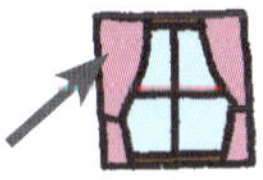

Wörter mit *x*, *chs*, *ks*

1 Sprich die Wörter laut. Welchen Laut hörst du in allen Wörtern?
Vergleiche, wie er geschrieben wird. Kreise ihn ein.

    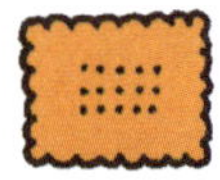 

Nixe | sechs | Mixer | Fuchs | Keks | Eidechse

2 Ordne die Wörter.
Eine Zeile bleibt leer.
Finde dafür ein Wort.

x	chs

3 Wie schreibt man das Wort  ? ____

4 Ergänze die fehlenden Wörter mit *chs* oder *x*. Überprüfe mit dem Wörterbuch.

Ein Buch, in dem man Dinge nachschlagen kann, ist ein ____.

Bei der Bank kann man Geldscheine in Kleingeld ____.

Wenn Kinder größer werden, dann ____ sie.

Ein Sportler, der mit seinen Fäusten kämpft, ist ein ____.

5 Hier haben sich acht Wörter mit *x* und *chs* versteckt. Schreibe sie auf.

L	U	C	H	S	E
S	F	H	J	A	X
E	R	T	E	X	T
C	H	A	C	T	R
H	E	X	E	W	A
S	M	I	X	E	N

Testebanseite

1 Unterstreiche die Nomen blau, die Verben rot und die Adjektive grün.

ESEL	ROT	NEBEL	SPIELEN	HELL	FELL
LESEN	NACHT	GEHEN	LAUT	NASS	HUSTEN

2 Schreibe die Wörter richtig in die Tabelle.

Nomen	Verben	Adjektive
	lesen	

3 Welches der Wörter oben ist ein Nomen, wenn der Artikel *der* davorsteht?

4 Unterstreiche die Fehler. Schreibe die Sätze richtig auf. 5

Esteban betritt die bühne. Ein leises raunen geht durch den saal. Er liest seine geschichte vor. Das laute klatschen macht ihn stolz.

Testebanseite

1 Verbinde die Wörter mit den Wortbausteinen und bilde Nomen. Schreibe sie auf.

Kind	flüchtig	stimmen	heit
wichtig	gesund	rechnen	keit
			ung

die Kindheit,

2 Verbinde die Nomen mit den Wortbausteinen und bilde Adjektive.

3 Setze die Adjektive in die passenden Lücken ein.

Neugier	Ärger	ig
Herz	Stein	lich

Der ______ Esteban probiert den Käse.

Die ______ Tante winkt freundlich.

Der ______ Mann schimpft mit dem Hund.

Der ______ Weg führt zu Estebans Haus.

4 Schreibe die Wortfamilie *backen* auf.

vor · auf · BACK · BÄCK · Pulver · Buch · Ofen · Blech · in · er · en

Testebanseite

1 Ordne die Wörter mit Dehnungs-*h* nach dem Abc und schreibe sie auf.

☐ ernähren	☐ Fahrrad	☐ Gefahr	☐ bezahlen
☐ Einfahrt	☐ Zahlenstrahl	☐ zehn	☐ fühlen

2 Bilde zusammengesetzte Nomen und schreibe sie auf.

FAHREN HOF BAHN AUTO VERKEHR

WEISHEIT ARZT ZAHN SCHNEIDEN SCHMERZ

3 Schreibe zu dem Bild einen Satz.

4 Setze das passende Verb in der richtigen Form ein.

Esteban ________ seine Inliner an.

Auf einer Wiese ________ er sich aus.

Er ________ einen Schmetterling.

ruhen

ziehen

sehen

Testebanseite

1 Wo kannst du die Wörter trennen? Schreibe sie mit Trennstrichen auf.

Luftschlangensalat ______________________

Regenschirmfabrik ______________________

2 Löse das Rätsel. Wie heißt das Lösungswort?

Lösungswort: ☐ ☐ ☐ ☐ ☐ ☐ ☐ ☐ ☐

1 2 3 4 5 6 7 8 9

3 Setze die Silben zu Wörtern zusammen und schreibe sie auf.

las	ren	sam	ret	hof

ten	fen	meln	sen	nen

____

____

4 Finde die Fehler und verbessere sie im Text. 5

Anja und Peter müsen in die Schulle. Sie renen zur Haltestelle.
Hofentlich komt der Bus noch.